AF219261

Impressum
Verlag: BABADADA GmbH, Nedderfeld 112 , 22529 Hamburg
Geschäftsführer / Verlagsleitung: Harald Hof
Druck: Books on Demand GmbH, In de Tarpen 42, 22848 Norderstedt

Imprint
Publisher: BABADADA GmbH, Nedderfeld 112 , 22529 Hamburg, Germany
Managing Director / Publishing direction: Harald Hof
Print: Books on Demand GmbH, In de Tarpen 42, 22848 Norderstedt

除
dividir

186/2

黑板
tauler

教室
classe

校园
pati (de l'escola)

老师
professor

纸
paper

书写
escriure

钢笔
estilogràfica

办公桌
escriptori

直尺
regle

书
llibre

学生
estudiant

书包
bossa

铅笔盒
estoig

铅笔
llapis

卷笔刀
maquineta de fer punta

橡皮擦
goma

画板
bloc de dibuix

图画

dibuix

画笔

pinzell

颜料盒

capsa de pintures

剪刀

tisores

胶水

cola

练习册

quadern d'exercicis

家庭作业

deures

数字

nombre

加

afegir

减

sostreure

乘

multiplicar

计算

calcular

字母

lletra

字母表

alfabet

字

mot

课文

text

读

llegir

粉笔

guix

上课

lliçó

登记

llibre de classe

考试

examen

证书

certificat

校服

uniforme escolar

教育

formació

百科全书

enciclopèdia

大学

universitat

显微镜

microscopi

地图

mapa

废纸筐

paperera

青年旅社
alberg

酒店
hotel

外币兑换处
oficina de canvi

手提箱
maleta

汽车
automòbil

语言
llengua

是/否
sí / no

好的
D'acord

您好
Ey!

翻译员
traductora

谢谢
gràcies

……多少钱？

Quant costa… ?

我不明白

No entenc

问题

problema

晚上好！

Bona nit!

早上好！

bon dia!

晚安！

bona nit!

再见

fins aviat

方向

direcció

行李

bagatge

包

bossa

双肩包

sarrona

客人

convidat

房间

cambra

睡袋

sac de dormir

帐篷

tenda

旅游信息

oficina de turisme

海滩

platja

信用卡

carta de crèdit

早餐

esmorzar

午餐

dinar

晚餐

sopar

票

bitllet

电梯

ascensor

邮票

segell

边界

frontera

海关

duana

大使馆

ambaixada

签证

visat

护照

passaport

飞机
vol

船
vaixell

消防车
automòbil dels bombers

公交车
bus

卡车
camió

汽艇
llanxa de motor

自行车
bicicleta

汽车
automòbil

摆渡船
transbordador

小船
barca

摩托车
moto

警车
automòbil de policia

赛车
automòbil de curses

租车
automòbil de lloguer

拼车

vehicle compartit

拖车

grua

垃圾车

camió de les escombraries

发动机

motor

汽油

benzina

加油站

benzineria

交通标志

senyal de trànsit

交通

trànsit

交通堵塞

embús

停车场

aparcament

火车站

estació de trens

轨道

vies

火车

tren

电车

tramvia

货车

vagó

交通运输 - transport

直升机

helicòpter

机场

aeroport

塔

torre

乘客

passatger

集装箱

contenidor

纸板箱

capsa de cartó

手推车

carretó

篮子

cistella

起飞/降落

enlairar-se / aterrar

城市

ciutat

村庄

poble

市中心

centre de la ciutat

房子

casa

电影院
cinema

广告
anunci

路灯
fanal

街道
carrer

出租车
taxista

小吃店
quiosc

行人
pedestre

人行道
vorera

斑马线
pas de zebra

吸箱
lleda d'escombraries

十字路口
encreuament

红绿灯
semàfor

小屋
cabana

公寓
apartament

火车站
estació de trens

市政厅
casa de la vila-ciutat

博物馆
museu

学校
escola

大学

universitat

银行

banca

医院

hospital

酒店

hotel

药房

farmàcia

办公室

oficina

书店

llibreria

商店

botiga

花店

floristeria

超市

supermercat

市场

mercat

百货商店

gran magatzem

鱼店

peixateria

购物中心

centre comercial

海港

port

公园

parc

长凳

banc

桥

pont

楼梯

escala

地铁

metro

隧道

túnel

公交车站

parada d'autobús

酒吧

bar

餐馆

restaurant

邮筒

bústia de correu

路标

senyal indicador

停车计时器

parquímetre

动物园

zoo

游泳馆

piscina

清真寺

mesquita

农场
granja

污染
pol·lució

墓地
cementiri

教堂
església

操场
parc infantil

寺庙
temple

地形
paisatge

树叶
fulla

指示牌
cartell indicador

路
camí

草地
prat

石头
pedra

树
arbre

徒步旅行者
excursionista

河
riu

草
gespa

花
flor

峡谷

vall

山

muntanya

湖

llac

森林

bosc

沙漠

desert

火山

volcà

城堡

castell

彩虹

arc de Sant Martí

蘑菇

bolet

棕榈树

palmera

蚊子

moscard

苍蝇

mosca

蚂蚁

formiga

蜜蜂

abella

蜘蛛

aranya

地形 - paisatge

甲虫

escarabat

青蛙

granota

松鼠

esquirol

刺猬

eriçó

野兔

llebre

猫头鹰

òliba

鸟

ocell

天鹅

cigne

野猪

senglar

鹿

cervo

麋鹿

ant

水坝

presa

风力发电机

turbina

太阳能电池板

panell solar

气候

clima

服务员
cambrer

菜单
menú

椅子
cadira

汤
sopa

披萨饼
pizza

餐具
coberts

桌布
tovalla

前菜

primer plat

主菜

plat principal

甜点

darreries

饮料

begudes

食物

menjar

瓶子

ampolla

快餐

menjar ràpid

街边小吃

menjar de carrer

茶壶

tetera

糖盒

sucrer

一份饭菜

porció

意式咖啡机

màquina d'espresso

高脚椅

trona

账单

factura

托盘

plata

刀

ganivet

餐叉

forqueta

勺子

cullera

茶匙

cullereta

餐巾

tovalló

玻璃杯

got

餐馆 - restaurant

碟子

plat

汤盘

plat de sopa

碟子

plateret

酱

salsa

盐瓶

saler

胡椒磨

molinet de pebre

醋

vinagre

食用油

oli

调味料

espècies

番茄酱

quètxup

芥末

mostassa

蛋黄酱

maionesa

超市
supermercat

特价
oferta especial

顾客
client

乳制品
productes lactis

购物车
carret de la compra

水果
fruites

FOR

肉铺
carnisseria

面包房
forn de pa

称重
pesar

蔬菜
verdures

肉
carn

冷冻食品
menjar congelat

冷盘

carn freda

罐头食品

conserves

洗衣粉

detergent en pols

甜食

dolços

日用品

articles domèstics

清洁用品

productes de neteja

销售员

venedora

收银机

caixa registradora

收银员

caixera

购物清单

llista de la compra

开放时间

horari d'obertura

钱包

portamonedes

信用卡

carta de crèdit

袋子

bossa

塑料袋

bossa de plàstic

水

aigua

果汁

suc

牛奶

llet

可乐

coca-cola

红酒

vi

啤酒

cervesa

酒

alcohol

可可

cacau

茶

te

咖啡

cafè

意式浓缩咖啡

espresso

卡布奇诺

cappuccino

香蕉

banana

苹果

poma

橙子

taronja

西瓜

síndria

柠檬

llimona

胡萝卜

pastanaga

大蒜

all

竹子

bambú

洋葱

ceba

蘑菇

bolet

坚果

avellanes

面条

fideus

意大利面条

espaguetis

米饭

arròs

沙拉

amanida

薯条

patates fregides

炸土豆

patates fregides

披萨饼

pizza

汉堡包

hamburguesa

三明治

entrepà

炸猪排

escalopa

火腿

cuixot

萨拉米

salami

香肠

salsitxa

鸡肉

pollastre

烤肉

rostit

鱼

peix

燕麦片

flocs de civada

穆兹利

musli

玉米片

cereals

面粉

farina

羊角面包

croissant

面包卷

panet

面包

pa

烤面包

torrada

饼干

bescuits

黄油

mantega

凝乳

mató

蛋糕

pastís

蛋

ou

煎蛋

ou fregit

奶酪

formatge

冰激凌

gelat

糖

sucre

蜂蜜

mel

果酱

melmelada

巧克力酱

crema de xocolata

咖喱饭

curri

农舍
granja

粮仓
graner

稻草捆
bala de palla

田野
camp

马
cavall

拖车
remolc

马驹
poltre

拖拉机
tractor

驴
ase

羊
ovella

羔羊
xai

山羊

cabra

奶牛

vaca

牛犊

vedella

猪

porc

小猪

garrí

公牛

bou

鹅

oca

鸭

ànec

小鸡

poll

母鸡

gall

公鸡

gallina

鼠

rata

猫

gat

老鼠

ratolí

牛

bou

狗

gos

狗屋

gossera

花园浇水软管

mànega de regar

洒水壶

regadora

长柄大镰刀

dalla

犁

arada

镰刀

falç

锄头

aixada

长柄草耙

forca

斧头

destral

独轮手推车

carretó

饲料槽

abeurador

牛奶罐

lletera

麻布袋

sac

栅栏

tanca

马厩

establa

温室

hivernacle

土壤

sòl

种子

llavor

肥料

adob

联合收割机

collidora

农场 - granja

收割

collir

收割

collita

山药

nyam

小麦

blat

大豆

soja

土豆

patata

玉米

blat de moro o d'indi

油菜籽

colza

果树

arbre fruiter

树薯

mandioca

谷物

cereals

烟囱
fumera

屋顶
teulada

落水管
canaló

车库
garatge

门铃
campana

窗户
finestra

门
porta

垃圾桶
galleda de les escombraries

信箱
bústia de correu

花园
jardí

客厅
sala d'estar

浴室
bany

厨房
cuina

卧室
cambra de dormir

儿童房
cambra de nen

餐厅
menjador

地板

sòl

墙壁

paret

吊顶

sostre

地窖

soterrani

桑拿

sauna

阳台

balcó

露台

terrassa

游泳池

piscina

割草机

tallagespa

被单

vànova

床罩

cobrellit

床

llit

扫帚

escombra

水桶

galleda

开关

interruptor

壁纸
paper de paret

照片
quadre

台灯
làmpada

搁架
prestatge

橱柜
armari

电视机
televisor

壁炉
escalfapanxes

花
flor

垫子
coixí

花瓶
gerro

沙发
sofà

遥控器
telecomanda

地毯

catifa

窗帘

cortina

餐桌

taula

椅子

cadira

摇椅

cadira gronxadora

扶手椅

cadiral

书

llibre

毯子

llençol

装饰品

decoració

木柴

llenya

电影

film

高保真音响

cadena de música

钥匙

clau

报纸

diari

油画

pintura

海报

cartell

收音机

ràdio

笔记本

bloc de notes

吸尘器

aspiradora

仙人掌

cactus

蜡烛

candela

冰箱
refrigerador

微波炉
microones

厨房秤
balança de cuina

洗洁精
detergent per a plats

烤面包机
torradora

冰柜
congelador

烤箱
forn

垃圾桶
galleda de les escombraries

洗碗机
rentaplats

炊具
cuina de fogons

锅
olla

铸铁锅
olla de ferro colat

炒锅
wok / karahi

平底锅
paella

水壶
bullidor

蒸锅

olla de vapor

烤盘

plata de forn

陶瓷锅

vaixella

马克杯

tassa grossa

碗

bol

筷子

bastonets xinesos

长柄勺

culler

铲子

espàtula

搅拌器

batedor

滤网

colador

筛子

sedàs

磨碎机

ratllador

研钵

morter

烧烤

barbacoa

明火

foc a terra

菜板

taula de tallar

擀面杖

corró

开瓶器

llevataps

罐子

pot de conserva

开罐器

obridor

隔热手套

agafador

水槽

aigüera

刷子

raspall

海绵

esponja

搅拌机

batedora

冷藏箱

congelador

奶瓶

biberó

水龙头

aixeta

供暖设备
calefacció

淋浴
dutxa

毛巾
tovallola

浴帘
cortina de dutxa

泡沫浴
bany de bombollles

浴缸
banyera

玻璃杯
got

洗衣机
rentadora

瓷砖
rajoles

水龙头
aixeta

便壶
orinal

水槽
aigüera

厕所

lavabo

蹲便器

lavabo turc

坐浴器

bidet

小便池

orinador

厕纸

paper higiènic

马桶刷

escombreta de sanitari

牙刷

raspall de dents

牙膏

pasta de dents

牙线

fil dental

洗

rentar

手持式喷淋头

pom de dutxa

冲洗器

dutxa íntima

洗脸盆

rentamans

擦背刷

raspall per a l'esquena

肥皂

sabó

沐浴露

gel de dutxa

洗发水

xampú

法兰绒

manyopla de bany

排水

bonera

乳霜

crema

除臭剂

desodorant

浴室 - bany

镜子

mirall

手镜

mirall-espill de mà

剃须刀

maquineta de rasar

剃须泡沫

espuma de barbejar

须后水

loció post-rasada

梳子

pinta

刷子

raspall

吹风机

eixugador

喷发定型剂

laca

化妆品

maquillatge

唇膏

pintallavis

指甲油

esmalt d'ungles

化妆棉

cotó

指甲剪

tallaungles

香水

perfum

洗漱包

estoig de bellesa

凳子

tamboret

计重秤

bàscula

浴袍

barnús

橡胶手套

guants de goma

卫生棉条

compresa higiènica

卫生巾

compresa

化学厕所

sanitari químic

闹钟
despertador

毛绒玩具
animal de peluix

玩具车
auto de joguina

拨浪鼓
sonall

玩具屋
casa de nines

礼物
present

气球
baló

床
llit

（洋娃娃用）婴儿车
cotxet per a nens

扑克牌
joc de cartes

拼图
trencaclosca

漫画
historieta

乐高积木

peces de lego

积木玩具

peces de construcció

玩具人

ninot d'acció

婴儿服

granota

飞盘

frisbee

床铃玩具

mòbil per a bressol

棋盘游戏

joc de taula

骰子

daus

火车模型

tren elèctric

安抚奶嘴

xumet

聚会

festa

绘本

llibre de dibuixos

球

pilota

洋娃娃

nina

玩

jugar

沙坑

sorrera

秋千

gronxador

玩具

joguines

游戏机

consola de jocs de vídeo

三轮车

tricicle

泰迪熊

osset de peluix

衣柜

armari

袜子

mitjons

长袜

mitges

紧身裤

mitja pantaló

围巾
tapacoll

雨伞
paraigua

T恤
camiseta

皮带
cintura

靴子
botes

拖鞋
plantofes

运动鞋
sabates d'esport

凉鞋
sandàlies

鞋
sabates

雨靴
botes de goma

内裤
calçonets

胸罩
sostenidor

背心
guardapits

身体

jjustacòs

裤子

pantalons

牛仔裤

jeans

短裙

faldeta

女式衬衫

brusa

衬衫

camisa

套头衫

jersei

卫衣

dessuadora

西装夹克

blazer

夹克

jaqueta

外套

mantell

雨衣

impermeable

套装

vestit de dona

连衣裙

vestit de dona

婚纱

vestit de núvia

西装

vestit d'home

睡袍

camisa de dormir

睡衣

pijama

莎丽

sari

头巾

mocador de cap

包头巾

turbant

波卡

burca

卡夫坦

caftan

(阿拉伯式)长袍长袍

abaia

泳衣

vestit de bany

男式泳裤

calçon(et)s de bany

短裤

pantalons curts

运动服

xandall

围裙

davantal

手套

guants

衣服 - roba

纽扣
botó

眼镜
ulleres

手链
braçalet

项链
collaret

戒指
anell

耳环
orellera

便帽
casquet

衣架
penjador

帽子
capell

领带
corbata

拉链
cremallera

头盔
casc

背带
elàstics

校服
uniforme escolar

制服
uniforme

围兜
pitet

安抚奶嘴
xumet

尿不湿
bolquer

办公室
oficina

服务器
servidor

文件柜
armari arxivador

打印机
impressora

显示屏
monitor

纸
paper

鼠标
ratolí

办公桌
escriptori

文件夹
arxivador

键盘
teclat

废纸筐
paperera

电脑
ordinador

椅子
cadira

咖啡杯
tassa de cafè

计算器
calculadora

因特网
Internet

笔记本电脑
ordinador portàtil

信件
lletra

消息
missatge

手机
mòbil

网络
xarxa

复印机
fotocopiadora

软件
programari

电话
telèfon

插座
presa de corrent

传真机
fax

表格
formulari

文件
document

买

comprar

付钱

pagar

交易

comerciar

现金

diners

美元

dòlar

欧元

euro

日元

ien

卢布

ruble

瑞士法郎

franc suís

人民币

renminbi

卢比

rupia

提款处

caixa automàtica

外币兑换处

oficina de canvi

金

or

银

argent

石油

petroli

能源

energia

价格

preu

合同

contracte

税金

impost

股票

acció

工作

treballar

职员

treballador

老板

empresari

工厂

fàbrica

商店

botiga

警官
oficial de policia

消防员
bomber

厨师
cuiner

医生
doctora

飞行员
pilot

园丁

jardiner

木匠

fuster

裁缝

costurera

法官

jutge

化学家

química

演员

actor

公交车司机

conductor d'autobús

出租车司机

taxista

渔夫

pescador

清洁女工

dona de la neteja

屋顶工

ensostrador

服务员

cambrer

猎人

caçador

画家

pintor

面包师

forner

电工

electricista

建筑工人

obrer de la construcció

工程师

enginyer

屠夫

carnisser

水管工

llanterner

邮递员

correu

士兵

soldat

建筑师

arquitecte

收银员

caixera

花农

florista

理发师

perruquer

售票员

revisor

机械师

mecànic

船长

capità

牙医

dentista

科学家

científic

拉比

rabí

伊玛目

imam

和尚

monjo

牧师

capellà

铁锤
martell

钳子
tenalles

螺丝刀
descaragolador

扳手
clau anglesa

手电筒
llanterna

挖掘机
excavadora

工具箱
caixa d'eines

梯子
escala

锯子
serra

钉子
claus

钻机
trepant

修
reparar

铲子
pala

靠！
Maleït siga!

簸箕
pala

油漆桶
pot de pintura

螺丝
caragols

乐器

instrument de música

扬声器
altaveu

打击乐器
bateria

吉他
guitarra

低音提琴
contrabaix

小号
trompeta

钢琴

piano

小提琴

violí

贝斯

baix

定音鼓

timbal

鼓

tambor

电子琴

teclat

萨克斯管

saxofon

长笛

flauta

麦克风

micròfon

老虎
tigre

入口
entrada

笼子
gàbia

斑马
zebra

动物饲料
aliment per a animals

熊猫
ós panda

动物
animals

大象
elefant

袋鼠
cangurú

犀牛
rinoceront

大猩猩
goril·la

熊
ós

骆驼

camell

鸵鸟

estruç

狮子

lleó

猴子

simi

火烈鸟

flamenc

鹦鹉

papagai

北极熊

ós polar

企鹅

pingüí

鲨鱼

ca mari

孔雀

paó

蛇

serp

鳄鱼

cocodril

动物园管理员

guardià del zoo

海豹

foca

美洲豹

jaguar

矮种马

poni

豹

lleopard

河马

hipopòtam

长颈鹿

girafa

老鹰

àliga

野猪

senglar

鱼

peix

龟

tortuga

海象

morsa

狐狸

guineu

羚羊

gasela

橄榄球
futbol americà

骑自行车
ciclisme

网球
tenis

篮球
bàsquet

游泳
natació

拳击
boxa

冰球
hoquei sobre gel

英式足球

futbol americà

羽毛球

bàdminton

田径

atletisme

手球

handbol

滑雪

esquí

马球

polo

跳
saltar

拥抱
abraçar

笑
riure

走路
anar

唱
cantar

祈祷
pregar

亲吻
fer un petó

做梦
somiar

书写
escriure

画
dibuixar

展示
mostrar

推
pitjar

给
donar

拿
prendre

有

tenir

做

fer

当

ésser

站

estar dret

跑

córrer

拉

estirar

扔

llançar

摔倒

caure

躺

jeure

等待

esperar

携带

portar

坐

asseure's

穿衣

vestir-se

睡觉

dormir

醒来

despertar-se

看
mirar

哭
plorar

抚摸
amoixar

梳头
pentinar

交谈
parlar

明白
comprendre

问
demanar

听
escoltar

喝
beure

吃
menjar

清理
endreçar

爱
estimar

做饭
cuinar

开车
conduir

飞
volar

航行

navegar

计算

calcular

读

llegir

学习

aprendre

工作

treballar

结婚

casar-se

缝

cosir

刷牙

raspallar-se les dents

杀

matar

抽烟

fumar

寄

enviar

祖母
àvia

祖父
avi

父亲
pare

母亲
mare

婴童
nadó

女儿
filla

儿子
fill

客人
convidat

阿姨
tia

叔叔
oncle

兄弟
germà

姐妹
germana

前额
front

眼睛
ull

肩膀
espatlla

手指
dit

脸
cara

下巴
barbeta

手
mà

乳房
pit

腿
cama

手臂
braç

婴童
nadó

男人
home

女人
dona

女孩
noia

男孩
noi

头
cap

背部

esquena

肚子

panxa

肚脐

melic

脚趾

dit gros del peu

脚后跟

taló

骨头

os

臀部

maluc

膝盖

genoll

手肘

colze

鼻子

nas

屁股

cul

皮肤

pell

脸颊

galta

耳朵

orella

嘴唇

llavi

嘴

boca

牙齿

dent

舌头

llengua

脑

cervell

心脏

cor

肌肉

múscul

肺

pulmó

肝脏

fetge

胃

estómac

肾脏

ronyó

性交

relació sexual

避孕套

preservatiu

卵子

ovari

精子

semen

怀孕

prenyat

月经

menstruació

阴道

vagina

阴茎

penis

眉毛

cella

头发

cabells

脖子

coll

身体 - cos

医院
hospital

救护车
ambulància

轮椅
cadira de rodes

骨折
fractura

医生
doctora

急诊室
sala d'urgències

护士
infermera

紧急情况
urgència

昏迷
inconscient

痛
dolor

受伤

ferida

出血

sagnament

心脏病发作

atac de cor

中风

apoplexia

过敏

al·lèrgia

咳嗽

tos

发烧

febre

流感

gripa

腹泻

diarrea

头痛

mal de cap

癌症

càncer

糖尿病

diabetis

外科医生

cirurgià

手术刀

escalpel

手术

operació

医院 - hospital

CT

tomografia computada (TC), TAC

X光

raigs x

超声波

ultrasò

口罩

mascareta

疾病

malaltia

候诊室

sala d'espera

拐杖

crossa

石膏

tireta

绷带

embenat

注射

injecció

听诊器

estetoscopi

担架

llitera

体温计

termòmetre clínic

出生

pariment

超重

sobrepès

助听器

aparell auditiu

消毒液

desinfectant

感染

infecció

病毒

virus

艾滋病

VIH / SIDA

药物

medicina

接种疫苗

vaccí

药片

comprimits

药丸

píl·lola

急救电话

trucada d'urgència

血压计

tensiòmetre

生病/健康

malalt / sà

救命！
Socors!

警报
alarma

突击
assalt

攻击
atac

危险
perill

紧急出口
sortida-eixida d'urgència

着火啦！
Foc!

灭火器
extintor

意外
accident

急救箱
farmaciola de primers auxilis

呼救信号
SOS

警察
policia

欧洲

Europa

北美洲

Amèrica del Nord

南美洲

Amèrica del Sud

非洲

Àfrica

亚洲

Àsia

澳洲

Austràlia

大西洋

Atlàntic

太平洋

Pacífic

印度洋

Oceà Índic

南冰洋

Oceà Antàrtic

北冰洋

Oceà Àrtic

北极

pol nord

南极

pol sud

南极洲

Antàrtida

地球

terra

陆地

país

海

mar

岛

illa

国家

nació

国家

estat

钟面

quadrant

时针

agulla de les hores

分针

agulla dels minuts

秒针

agulla dels segons

现在几点？

Quina hora és?

天

dia

时间

temps

现在

ara

电子表

rellotge digital

分

minut

时

hora

周一 dilluns

周三 dimecres

周五 divendres

周二 dimarts

周六 dissabte

周四 dijous

周日 diumenge

昨天

ahir

今天

avui

明天

demà

早晨

matí

中午

migdia

晚上

tarda

MO	TU	WE	TH	FR	SA	SU
1	2	3	4	5	6	7
8	9	10	11	12	13	14
15	16	17	18	19	20	21
22	23	24	25	26	27	28
29	30	31	1	2	3	4

工作日

dia feiner

MO	TU	WE	TH	FR	SA	SU
1	2	3	4	5	6	7
8	9	10	11	12	13	14
15	16	17	18	19	20	21
22	23	24	25	26	27	28
29	30	31	1	2	3	4

周末

cap de setmana

雨
pluja

彩虹
arc de Sant Martí

风
vent

雪
neu

春
primavera

夏
estiu

秋
tardor

冬
hivern

天气预报

pronòstic del temps

温度计

termòmetre

阳光

llum del sol

云

núvol

雾

boira

潮湿

humiditat de l'aire

闪电

llamp

打雷

tro

风暴

tempesta

冰雹

calamarsa

季风

monsó

洪水

inundació

冰

gel

一月

gener

二月

febrer

三月

març

四月

abril

五月

maig

六月

juny

七月

juliol

八月

agost

九月

setembre

十月

octubre

十一月

novembre

十二月

desembre

形状

formes

圆形

cercle

正方形

quadrat

长方形

rectangle

三角形

triangle

球体

esfera

立方体

cub

白
blanc

黄
groc

橙
taronja

粉
rosa

红
vermell

紫
lila

蓝
blau

绿
verd

棕
marró

灰
gris

黑
negre

很多/少许

molt / poc

生气/平静

emprenyat / tranquil

美/丑

bonic / lleig

首/尾

començament / fi

大/小

gran / petit

明/暗

clar / fosc

兄弟/姐妹

germà / germana

干净/肮脏

net / brut

完整/缺失

complet / incomplet

白天/晚上

dia / nit

死/生

mort / viu

宽/窄

ample / estret

可食用/非食用

comestible / immenjable

邪恶/善良

dolent / amable

兴奋/无聊

entusiasmat / entediat

胖/瘦

gros / prim

第一/最后

primer / darrer

朋友/敌人

amic / enemic

满/空

ple / buit

硬/软

dur / tou

重/轻

pesant / lleuger

饿/渴

gana / set

生病/健康

malalt / sà

非法/合法

il·legal / legal

聪明/愚笨

intel·ligent / ximple

左/右

esquerra / dreta

近/远

prop / llunyà

新/旧

nou / usat

没有/有些

res / quelcom

老/幼

vell / jove

开/关

encès / apagat

打开/合上

obert / tancat

安静/吵闹

silenciós / sorollós

富/穷

ric / pobre

对/错

correcte / incorrecte

粗糙/光滑

aspre / suau

伤心/高兴

trist / content

短/长

curt / llarg

慢/快

lent / ràpid

湿/干

humit / sec - eixut

温暖/凉爽

calent / fred

战争/和平

guerra / pau

数字

nombres

0

零

zero

1

一

u

2

二

dos

3

三

tres

4

四

quatre

5

五

cinc

6

六

sis

7

七

set

8

八

vuit

9

九

nou

10

十

deu

11

十一

onze

12

十二

dotze

13

十三

tretze

14

十四

catorze

15

十五

quinze

16

十六

setze

17

十七

disset

18

十八

divuit

19

十九

dinou

20

二十

vint

100

百

cent

1.000

千

mil

1.000.000

百万

milió

英语

anglès

美式英语

anglès americà

普通话

xinès mandarí

印地语

hindi

西班牙语

espanyol

法语

francès

阿拉伯语

àrab

俄语

rus

葡萄牙语

portuguès

孟加拉语

bengalí

德语

alemany

日语

japonès

我
jo

你
tu

他/她/它
ell / ella / allò

我们
nosaltres

你们
vosaltres

他们
ells

谁？
qui?

什么？
què?

怎样？
com?

哪里？
on?

什么时候？
quan?

名字
nom

后面

darrere

里面

en

前面

davant de

上方

damunt

上面

sobre

下面

sota

旁边

al costat

中间

entre

地点

lloc